汽车空调实训指导书

主 编　徐　笋　李显贵
副主编　陈国雄　李晓红　李　荣　卢民积　窦　捷

北京理工大学出版社
BEIJING INSTITUTE OF TECHNOLOGY PRESS

内 容 简 介

本书是教材《汽车空调系统检修》的配套实训指导书，根据职业学校的教学实际，以现实维修常见案例作为实训依据，根据实际教学需求，有针对性地设置实训教学任务，增强学生实际动手能力。每个项目均在实车上完成，贴近实践，增强学生对修理过程的真实感受。本书根据教材相对应地设计了 12 个项目供不同学校根据自身条件有选择性地完成。全书始终贯穿"7S"管理模式，以使学生具有良好的职业素养，为学生就业打好扎实的基础。

全书讲解清晰、简练，配有大量的图片，明了直观。本书适合作为职业院校汽车专业教材，也可作为汽车售后服务站专业技术人员的培训教材。

图书在版编目（CIP）数据

汽车空调实训指导书 / 徐笋，李显贵主编 . —北京：北京理工大学出版社，2017. 7
ISBN 978-7-5682-4505-0

Ⅰ . ①汽… Ⅱ . ①徐… ②李… Ⅲ . ①汽车空调—检修—高等职业教育—教学参考资料
Ⅳ . ① U472.41

中国版本图书馆 CIP 数据核字（2017）第 185134 号

出版发行 / 北京理工大学出版社有限责任公司
社　　址 / 北京市海淀区中关村南大街 5 号
邮　　编 / 100081
电　　话 /（010）68914775（总编室）
　　　　　（010）82562903（教材售后服务热线）
　　　　　（010）68948351（其他图书服务热线）
网　　址 / http：//www.bitpress.com.cn
经　　销 / 全国各地新华书店
印　　刷 / 北京佳创奇点彩色印刷有限公司
开　　本 / 787 毫米 ×1092 毫米　1/16
印　　张 / 6　　　　　　　　　　　　　　　　　　责任编辑 / 陆世立
字　　数 / 121 千字　　　　　　　　　　　　　　文案编辑 / 陆世立
版　　次 / 2017 年 7 月第 1 版　2017 年 7 月第 1 次印刷　　责任校对 / 周瑞红
定　　价 / 21.00 元　　　　　　　　　　　　　　责任印制 / 边心超

前　言

截至 2016 年年底，我国汽车保有量已经突破了 1.94 亿辆。随着汽车电子技术的不断发展，车辆上电控系统的数量不断增多，而且功能也越来越复杂。特别是建立在先进传感技术基础上的故障诊断系统在各种汽车上大量应用之后，各种现代化检测诊断仪器和维修技术也应运而生，现代汽车已发展成为机电一体化的高科技载体。这给汽车维修业带来了极大的机遇和挑战，同时也对汽车维修人员的技术水平提出了更高、更新的要求。空调是汽车现代化标志之一，现代汽车空调的基本功能是在任何气候和行驶条件下，都能改善驾驶员的工作条件和提高乘员的舒适性，汽车空调维修是汽车专业学生必须掌握的核心课程之一。

同时，为了解决学生学不懂、学习兴趣不浓、教材内容枯燥乏味，老师不好教等问题，北京理工大学出版社特邀请一批知名行业专家、学者以及一线骨干老师结合新的专业教学标准，规划出版了该套图解版汽车职业教育系列教材。

本系列教材坚持如下定位：

◇ 以就业为导向，培养学生的实际运用能力，以达到学以致用的目的；

◇ 以科学性、实用性、通用性为原则，以使教材符合职业教育汽车类课程体系设置；

◇ 以提高学生综合素质为基础，充分考虑对学生个人能力的提高；

◇ 以内容为核心，注重形式的灵活性，以便于学生接受。

本系列坚持理论知识图解化的基本理念，教材配有大量的插图、表格和立体化教学资源，介绍了大量的故障诊断、维修服务和营销案例。

◇ 在内容上强调面向应用、任务驱动、精选案例、严控质量；

◇ 在风格上力求文字简练、脉络清晰、图表明快、版式新颖；

◇ 在理论阐述上，遵循"必需"、"够用"的原则，在保证知识体系相对完整的同时，做到知识讲解实用、简洁和生动。

本书是教材《汽车空调系统检修》的配套实训指导书，根据职业学校的教学实际，以现实维修常见案例作为实训依据，根据实际教学需求，有针对性地设置实训教学任务，增强学生实际动手能力。每个项目均在实车上完成，贴近实践，增强学生对修理过程的真实感受。

本书根据教材相对应地设计了 12 个项目供不同学校根据自身条件有选择性地完成。全书始终贯穿"7S"管理模式，以使学生具有良好的职业素养，为学生就业打好扎实的基础。

本书图文并茂、通俗易懂，适合作为职业院校汽车专业教材，也可作为汽车售后服务站专业技术人员的培训教材。

由于作者水平有限，书中可能会有疏漏和不妥之处，欢迎读者批评指正。

编　者

目 录

项目一　空调基础结构认知

一、实训目的

（1）掌握汽车空调的组成及各部件的位置。

（2）掌握汽车空调的工作过程。

二、实训前准备

（1）丰田卡罗拉轿车1台。

（2）丰田卡罗拉轿车自动空调实训操作台。

（3）相关挂图或图册。

三、老师讲解示范

（1）拆卸。

（2）检查。

（3）安装。

四、实训管理

（1）学生分组：每组4~5人。先让学生自己分组，选出1名组长并记录名字，然后视情况进行适当调整，如表1所示。

表1　学生分组表

第一组	第二组	第三组	第四组
组长：	组长：	组长：	组长：
成员：	成员：	成员：	成员：

（2）学生组长：协调成员，规范学生操作（表2）并收集遇到的问题。

表2　学生规范操作表（一）

第　　组			
姓名：	姓名：	姓名：	姓名：
是否串岗（　　）	是否串岗（　　）	是否串岗（　　）	是否串岗（　　）
是否完成项目（　　）	是否完成项目（　　）	是否完成项目（　　）	是否完成项目（　　）
评价：优、良、差	评价：优、良、差	评价：优、良、差	评价：优、良、差

（3）老师指导：对操作现场进行安全检查，提醒学生注意安全，规范学生操作（表3），解决并收集学生遇到的问题，指导班长协助管理，如表3所示。

表3　学生规范操作表（二）

班长：

第一组组长	第二组组长	第三组组长	第四组组长
是否串岗（　　）	是否串岗（　　）	是否串岗（　　）	是否串岗（　　）
是否协调成员（　　）	是否协调成员（　　）	是否协调成员（　　）	是否协调成员（　　）
评价：优、良、差	评价：优、良、差	评价：优、良、差	评价：优、良、差

 五、实训操作（以卡罗拉轿车自动空调为例）

1. 认识下列部件及安装位置

（1）压缩机，如图1所示。

（2）冷凝器，如图2所示。

（3）蒸发器，如图3所示。

（4）膨胀阀，如图4所示。

（5）储液干燥器，如图5所示。

（6）暖风散热器，如图6所示。

图1　压缩机

图2　冷凝器

图3　蒸发器

图4　膨胀阀

图5　储液干燥器

图6　暖风散热器

2. 认识连接管路（图7）。

（1）高压管。

（2）低压管。

高压管

低压管

图7　连接管路

六、练习与思考

（1）简述汽车空调的基本组成。

（2）汽车空调的基本工作过程是怎样的？

七、实训报告

（1）成员实训报告如表 4 所示。

表 4　成员实训报告

姓名		班级		分组		日期	
实训项目							
实训内容							
自己评语							
老师评语							

（2）组长实训报告如表5所示。

表5　组长实训报告

姓名		班级		分组		日期	
实训项目							
实训内容							
第　　组							
姓名：		姓名：		姓名：		姓名：	
是否串岗（　）		是否串岗（　）		是否串岗（　）		是否串岗（　）	
是否完成项目（　）		是否完成项目（　）		是否完成项目（　）		是否完成项目（　）	
评价：优、良、差		评价：优、良、差		评价：优、良、差		评价：优、良、差	
自己评语							
老师评语							

（3）班长实训报告如表6所示。

表6　班长实训报告

姓名		班级		分组		日期	
实训项目							
实训内容							
第一组		第二组		第三组		第四组	
是否串岗（　）		是否串岗（　）		是否串岗（　）		是否串岗（　）	
是否完成项目（　）		是否完成项目（　）		是否完成项目（　）		是否完成项目（　）	
评价：优、良、差		评价：优、良、差		评价：优、良、差		评价：优、良、差	
自己评语							
老师评语							

项目二　压缩机的拆装

一、实训目的

（1）掌握汽车空调压缩机的组成与结构。

（2）掌握汽车空调压缩机的拆装方法。

二、实训前准备

（1）丰田卡罗拉轿车空调压缩机数个。

（2）套筒扳手组件 1 套。

（3）内六角扳手 1 套。

（4）拉码 1 个。

（5）卡簧钳 1 把。

（6）橡胶锤 1 把。

（7）相关挂图或图册。

三、老师讲解示范

（1）拆卸。

（2）检查。

（3）安装。

四、实训管理

（1）学生分组：每组 4~5 人。先让学生自己分组，选出 1 名组长并记录名字，然后视情况进行适当调整，如表 7 所示。

表 7　学生分组表

第一组	第二组	第三组	第四组
组长：	组长：	组长：	组长：
成员：	成员：	成员：	成员：

（2）学生组长：协调成员，规范学生操作（表8）并收集遇到的问题。

表8　学生规范操作表（一）

第　　组			
姓名：	姓名：	姓名：	姓名：
是否串岗（　）	是否串岗（　）	是否串岗（　）	是否串岗（　）
是否完成项目（　）	是否完成项目（　）	是否完成项目（　）	是否完成项目（　）
评价：优、良、差	评价：优、良、差	评价：优、良、差	评价：优、良、差

（3）老师指导：对操作现场进行安全检查，提醒学生注意安全，规范学生操作（表9），解决并收集学生遇到的问题，指导班长协助管理。

表9　学生规范操作表（二）

班长：

第一组组长	第二组组长	第三组组长	第四组组长
是否串岗（　）	是否串岗（　）	是否串岗（　）	是否串岗（　）
是否协调成员（　）	是否协调成员（　）	是否协调成员（　）	是否协调成员（　）
评价：优、良、差	评价：优、良、差	评价：优、良、差	评价：优、良、差

 五、实训操作

（1）取下离合器盖前固定螺钉，如图8所示。

（2）取下锁止卡簧，如图9所示。

图8　取下离合器盖前固定螺钉　　　　图9　取下锁止卡簧

（3）取下离合器搭铁线，如图10所示。

（4）用拉码拉出带轮，如图11所示。

图10　取下离合器搭铁线　　　　图11　用拉码拉出带轮

（5）用卡簧钳取下电磁线圈锁止卡簧，如图 12 所示。

（6）取下电磁线圈，如图 13 所示。

图 12　取下电磁线圈锁止卡簧

图 13　取下电磁线圈

（7）取下压缩机进、排气管盖，如图 14 所示。

（8）取下五颗压缩机穿心螺杆，如图 15 所示。

图 14　取下压缩机进、排气管盖

图 15　取下压缩机穿心螺杆

（9）取下压缩机前缸盖，如图 16 所示。

（10）取下压缩机后缸盖，如图 17 所示。

图 16　取下压缩机前缸盖

图 17　取下压缩机后缸盖

（11）用橡胶锤轻击缸体组，分离前、后缸体，如图18所示。

图18　分离前、后缸体

（12）取出活塞、主轴斜板总成、钢球，如图19所示。

图19　取出活塞、主轴斜板总成、刚球

（13）拆卸完毕，按拆卸相反顺序安装。

 六、练习与思考

（1）简述空调压缩机的拆卸步骤。

（2）拆卸压缩机时应注意什么？

 七、实训报告

（1）成员实训报告如表10所示。

表 10　成员实训报告

姓名		班级		分组		日期	
实训项目							
实训内容							
自己评语							
老师评语							

（2）组长实训报告如表11所示。

表11　组长实训报告

姓名		班级		分组		日期	
实训项目							
实训内容							

第　　　组			
姓名：	姓名：	姓名：	姓名：
是否串岗（　）	是否串岗（　）	是否串岗（　）	是否串岗（　）
是否完成项目（　）	是否完成项目（　）	是否完成项目（　）	是否完成项目（　）
评价：优、良、差	评价：优、良、差	评价：优、良、差	评价：优、良、差

自己评语	
老师评语	

（3）班长实训报告如表 12 所示。

表 12　班长实训报告

姓名		班级		分组		日期	
实训项目							
实训内容							
第一组		第二组		第三组		第四组	
是否串岗（　）		是否串岗（　）		是否串岗（　）		是否串岗（　）	
是否完成项目（　）		是否完成项目（　）		是否完成项目（　）		是否完成项目（　）	
评价：优、良、差		评价：优、良、差		评价：优、良、差		评价：优、良、差	
自己评语							
老师评语							

项目三 空调系统荧光检漏

一、实训目的

（1）掌握汽车空调系统的检漏方法。

（2）掌握空调系统的常见泄漏部件。

二、实训前准备

（1）丰田卡罗拉轿车 1 台。

（2）丰田卡罗拉轿车自动空调实训操作台。

（3）相关挂图或图册。

（4）荧光检漏仪 1 套。

三、老师讲解示范

（1）拆卸。

（2）检查。

（3）安装。

四、实训管理

（1）学生分组：每组 4~5 人。先让学生自己分组，选出 1 名组长并记录名字，然后视情况进行适当调整，如表 13 所示。

表 13　学生分组表

第一组	第二组	第三组	第四组
组长：	组长：	组长：	组长：
成员：	成员：	成员：	成员：

（2）学生组长：协调成员，规范学生操作（表14）并收集遇到的问题，如表14所示。

表14　学生规范操作表（一）

第　　组			
姓名：	姓名：	姓名：	姓名：
是否串岗（　　）	是否串岗（　　）	是否串岗（　　）	是否串岗（　　）
是否完成项目（　　）	是否完成项目（　　）	是否完成项目（　　）	是否完成项目（　　）
评价：优、良、差	评价：优、良、差	评价：优、良、差	评价：优、良、差

（3）老师指导：对操作现场进行安全检查，提醒学生注意安全，规范学生操作（表15），解决并收集学生遇到的问题，指导班长协助管理。

表15　学生规范操作表（二）

班长：

第一组组长	第二组组长	第三组组长	第四组组长
是否串岗（　　）	是否串岗（　　）	是否串岗（　　）	是否串岗（　　）
是否协调成员（　　）	是否协调成员（　　）	是否协调成员（　　）	是否协调成员（　　）
评价：优、良、差	评价：优、良、差	评价：优、良、差	评价：优、良、差

五、实训操作

（1）将待检车辆（或实训操作台）置于水平开阔地带，开启发动机舱盖，如图20所示。

（2）开启荧光检漏设备，并将荧光液加入荧光注射器中，如图21所示。

注　意

不要起动车辆。

图20　开启发动机舱盖

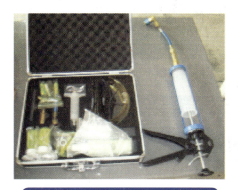

图21　开启荧光检漏设备

（3）从空调系统低压管中注入荧光液，如图22所示。

（4）荧光液加注完毕后，开启空调开关使空调系统运行几分钟，让荧光液充分扩散，如图23所示。

图22　注入荧光液

图23　开启空调开关使空调系统运行

（5）戴上荧光眼镜，用紫外线灯照射系统各个器件及连接件，如图24所示。

注　意

①在紫外线灯的照射下，系统中发生泄漏的部位会发光（呈明亮黄绿光）。

②荧光检漏的方法对于针眼过小、难于发现的泄漏是最有效的。

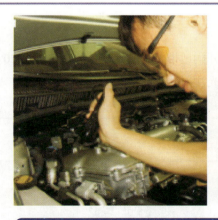

图24　戴上荧光眼镜，用紫外线灯照射系统各个器件及连接件

六、练习与思考

（1）汽车空调系统常用的检漏方法有哪些？

（2）什么是皂泡检漏？如何运用该方式进行检漏？

七、实训报告

（1）成员实训报告如表 16 所示。

表 16　成员实训报告

姓名		班级		分组		日期	
实训项目							
实训内容							
自己评语							
老师评语							

（2）组长实训报告如表 17 所示。

表 17　组长实训报告

姓名		班级		分组		日期	
实训项目							
实训内容							

第　　组			
姓名：	姓名：	姓名：	姓名：
是否串岗（　）	是否串岗（　）	是否串岗（　）	是否串岗（　）
是否完成项目（　）	是否完成项目（　）	是否完成项目（　）	是否完成项目（　）
评价：优、良、差	评价：优、良、差	评价：优、良、差	评价：优、良、差
自己评语			
老师评语			

（3）班长实训报告如表18所示。

表18　班长实训报告

姓名		班级		分组		日期	
实训项目							
实训内容							

第一组	第二组	第三组	第四组
是否串岗（　）	是否串岗（　）	是否串岗（　）	是否串岗（　）
是否完成项目（　）	是否完成项目（　）	是否完成项目（　）	是否完成项目（　）
评价：优、良、差	评价：优、良、差	评价：优、良、差	评价：优、良、差

自己评语	
老师评语	

项目四 空调系统抽真空

一、实训目的

（1）掌握汽车空调系统维护设备的使用方法。

（2）掌握汽车空调系统抽真空的方法。

二、实训前准备

（1）丰田卡罗拉轿车 1 台。

（2）丰田卡罗拉轿车自动空调实训操作台。

（3）相关挂图或图册。

（4）压力表。

（5）真空泵。

三、老师讲解示范

（1）拆卸。

（2）检查。

（3）安装。

四、实训管理

（1）学生分组：每组 4~5 人。先让学生自己分组，选出 1 名组长并记录名字，然后视情况进行适当调整，如表 19 所示。

表 19　学生分组表

第一组	第二组	第三组	第四组
组长：	组长：	组长：	组长：
成员：	成员：	成员：	成员：

（2）学生组长：协调成员，规范学生操作（表 20）并收集遇到的问题，如表 20 所示。

表 20　学生规范操作表（一）

第　　组			
姓名：	姓名：	姓名：	姓名：
是否串岗（　　）	是否串岗（　　）	是否串岗（　　）	是否串岗（　　）
是否完成项目（　　）	是否完成项目（　　）	是否完成项目（　　）	是否完成项目（　　）
评价：优、良、差	评价：优、良、差	评价：优、良、差	评价：优、良、差

（3）老师指导：对操作现场进行安全检查，提醒学生注意安全，规范学生操作（表 21），解决并收集学生遇到的问题，指导班长协助管理。

表 21　学生规范操作表（二）

班长：

第一组组长	第二组组长	第三组组长	第四组组长
是否串岗（　　）	是否串岗（　　）	是否串岗（　　）	是否串岗（　　）
是否协调成员（　　）	是否协调成员（　　）	是否协调成员（　　）	是否协调成员（　　）
评价：优、良、差	评价：优、良、差	评价：优、良、差	评价：优、良、差

 五、实训操作（以卡罗拉轿车自动空调为例）

（1）将车辆（或实训操作台）置于水平地带，并开启发动机舱盖，如图 25 所示。

（2）将空调压力表软管分别接到空调系统高、低压管上。

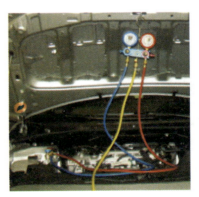

图 25　开启发动机舱盖

①如果系统中有制冷剂，应先将其回收。

②安装完高、低压接头后，应将接头上方红色（或蓝色）旋钮沿顺时针方向拧紧，这样接头才能顶开气门芯。

（3）将压力表中的黄色管道与真空泵相连，如图26所示。

（4）开启真空泵，并同时开启压力表上的高、低压阀，对空调系统进行抽气，如图27所示。

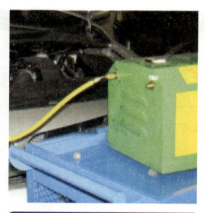

图26　将黄色管道与真空泵相连

图27　对空调系统进行抽气

（5）抽真空完毕后（小型真空泵一般在30min左右），先关闭空调压力表高、低压手动维修阀，再关闭真空泵。

①系统检修完毕后，只有抽完真空才能加注制冷剂。

②在抽真空过程中，如果发现压力表一直不动或指针一直降不到要求的真空度，说明系统有泄漏，应检修。

 六、练习与思考

（1）空调系统抽真空采用哪些设备？

（2）为什么要对空调系统抽真空？

七、实训报告

（1）成员实训报告如表 22 所示。

表 22　成员实训报告

姓名		班级		分组		日期	
实训项目							
实训内容							
自己评语							
老师评语							

（2）组长实训报告如表 23 所示。

表 23　组长实训报告

姓名		班级		分组		日期	
实训项目							
实训内容							
第　　组							
姓名：		姓名：		姓名：		姓名：	
是否串岗（　　）		是否串岗（　　）		是否串岗（　　）		是否串岗（　　）	
是否完成项目（　　）		是否完成项目（　　）		是否完成项目（　　）		是否完成项目（　　）	
评价：优、良、差		评价：优、良、差		评价：优、良、差		评价：优、良、差	
自己评语							
老师评语							

（3）班长实训报告如表24所示。

表24　班长实训报告

姓名		班级		分组		日期	
实训项目							
实训内容							

第一组	第二组	第三组	第四组
是否串岗（　　）	是否串岗（　　）	是否串岗（　　）	是否串岗（　　）
是否完成项目（　　）	是否完成项目（　　）	是否完成项目（　　）	是否完成项目（　　）
评价：优、良、差	评价：优、良、差	评价：优、良、差	评价：优、良、差

自己评语	
老师评语	

项目五　空调制冷剂的加注

一、实训目的

掌握汽车空调制冷剂的加注方法。

二、实训前准备

（1）丰田卡罗拉轿车 1 台。

（2）丰田卡罗拉轿车自动空调实训操作台。

（3）相关挂图或图册。

（4）压力表。

（5）真空泵。

（6）制冷剂（R134a）。

（7）开瓶器。

三、老师讲解示范

（1）拆卸。

（2）检查。

（3）安装。

四、实训管理

（1）学生分组：每组 4~5 人。先让学生自己分组，选出 1 名组长并记录名字，然后视情况进行适当调整，如表 25 所示。

表 25　学生分组表

第一组	第二组	第三组	第四组
组长：	组长：	组长：	组长：
成员：	成员：	成员：	成员：

（2）学生组长：协调成员，规范学生操作（表 26）并收集遇到的问题。

表 26　学生规范操作表（一）

第　　　　组			
姓名：	姓名：	姓名：	姓名：
是否串岗（　　）	是否串岗（　　）	是否串岗（　　）	是否串岗（　　）
是否完成项目（　　）	是否完成项目（　　）	是否完成项目（　　）	是否完成项目（　　）
评价：优、良、差	评价：优、良、差	评价：优、良、差	评价：优、良、差

（3）老师指导：对操作现场进行安全检查，提醒学生注意安全，规范学生操作（表 27），解决并收集学生遇到的问题，指导班长协助管理。

表 27　学生规范操作表（二）

班长：

第一组组长	第二组组长	第三组组长	第四组组长
是否串岗（　　）	是否串岗（　　）	是否串岗（　　）	是否串岗（　　）
是否协调成员（　　）	是否协调成员（　　）	是否协调成员（　　）	是否协调成员（　　）
评价：优、良、差	评价：优、良、差	评价：优、良、差	评价：优、良、差

五、实训操作（以卡罗拉轿车自动空调为例）

（1）将车辆（或实训操作台）置于开阔地带，开启发动机舱盖，如图 28 所示。

（2）将空调压力表与空调系统相连。

（3）加注制冷剂前应对空调系统抽真空（补充加注除外），如图 29 所示。

注　意

管道连接方法与抽真空一样。

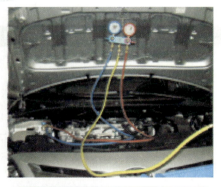

图28　开启发动机舱盖

图29　加注制冷剂前先对空调系统抽真空

（4）对空调系统抽真空完毕后，关闭高、低压手动阀，关闭真空泵开关。

（5）将制冷剂瓶与黄色加注管相连，如图30所示。

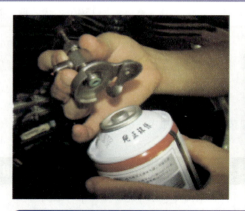

图30　将制冷剂瓶与黄色加注管相连

（6）排空：旋下开瓶器上端旋钮使制冷剂沿加注管流出，按下压力表上的排气阀门排出加注管道中的空气，如图31所示。

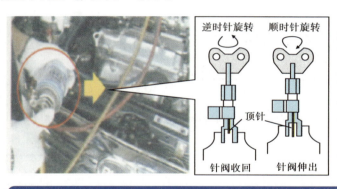

逆时针旋转　　顺时针旋转

顶针

针阀收回　　针阀伸出

图31　排出加注管道中的空气

（7）排气后先开启高压开关，并将制冷剂瓶倒立，此时制冷剂便经高压管道进入空调系统，如图32所示。

> **注｜意**
>
> 　　从高压侧加注制冷剂时，若发动机处于不起动状态（压缩机停转），则不可拧开压力表上的低压手动阀，以免发生液压冲击。

图32　制冷剂经高压管道进入空调系统

（8）从高压侧注入规定量的液态制冷剂后，关闭压力表上的高压阀，起动发动机并将其转速调整到1250～1500r/min，开启空调系统将鼓风机调至最大挡，温度调至最低。待系统运行两分钟后，再开启低压阀，如图33所示。

图33　开启低压阀门

> **注｜意**
>
> 　　①从低压侧加注制冷剂时，制冷剂瓶需直立放置，高压手动阀处于关闭状态。
>
> 　　②当制冷剂瓶中的制冷剂加注完后，应先关闭低压阀，再更换制冷剂瓶，并在排完空气后开启低压阀继续加注。

（9）在向系统中加注规定量制冷剂（一般低压侧0.3～0.5MPa，高压侧1.5～1.8MPa）后，从视液玻璃窗处观察，确认系统内无气泡、无过量制冷剂。关闭空调开关，停止发动机运转，并将高、低压软管从检修阀上拆下。

 六、练习与思考

（1）制冷剂的加注过程是怎样的？

（2）加注制冷剂时应注意哪些？

（3）如何判断空调系统中的制冷剂过多？

 七、实训报告

（1）成员实训报告如表 28 所示。

表 28　成员实训报告

姓名		班级		分组		日期	
实训项目							
实训内容							
自己评语							
老师评语							

（2）组长实训报告如表 29 所示。

表 29　组长实训报告

姓名		班级		分组		日期	
实训项目							
实训内容							

第　　组			
姓名：	姓名：	姓名：	姓名：
是否串岗（　　）	是否串岗（　　）	是否串岗（　　）	是否串岗（　　）
是否完成项目（　　）	是否完成项目（　　）	是否完成项目（　　）	是否完成项目（　　）
评价：优、良、差	评价：优、良、差	评价：优、良、差	评价：优、良、差
自己评语			
老师评语			

（3）班长实训报告如表 30 所示。

表 30　班长实训报告

姓名		班级		分组		日期	
实训项目							
实训内容							
第一组		第二组		第三组		第四组	
是否串岗（　）		是否串岗（　）		是否串岗（　）		是否串岗（　）	
是否完成项目（　）		是否完成项目（　）		是否完成项目（　）		是否完成项目（　）	
评价：优、良、差		评价：优、良、差		评价：优、良、差		评价：优、良、差	
自己评语							
老师评语							

项目六 空调系统冷冻油的加注

一、实训目的

（1）掌握汽车空调系统冷冻油的加注方法。

（2）掌握空调系统维护设备的使用方法。

二、实训前准备

（1）丰田卡罗拉轿车1台。

（2）丰田卡罗拉轿车自动空调实训操作台。

（3）相关挂图或图册。

（4）压力表。

（5）真空泵。

（6）冷冻油。

三、老师讲解示范

（1）拆卸。

（2）检查。

（3）安装。

四、实训管理

（1）学生分组：每组4~5人。先让学生自己分组，选出1名组长并记录名字，然后视情况进行适当调整，如表31所示。

表 31　学生分组表

第一组	第二组	第三组	第四组
组长：	组长：	组长：	组长：
成员：	成员：	成员：	成员：

（2）学生组长：协调成员，规范学生操作（表32）并收集遇到的问题。

表 32　学生规范操作表（一）

第　　组			
姓名：	姓名：	姓名：	姓名：
是否串岗（　　）	是否串岗（　　）	是否串岗（　　）	是否串岗（　　）
是否完成项目（　　）	是否完成项目（　　）	是否完成项目（　　）	是否完成项目（　　）
评价：优、良、差	评价：优、良、差	评价：优、良、差	评价：优、良、差

（3）老师指导：对操作现场进行安全检查，提醒学生注意安全，规范学生操作（表33），及解决并收集学生遇到的问题，指导班长协助管理。

表 33　学生规范操作表（二）

班长：

第一组组长	第二组组长	第三组组长	第四组组长
是否串岗（　　）	是否串岗（　　）	是否串岗（　　）	是否串岗（　　）
是否协调成员（　　）	是否协调成员（　　）	是否协调成员（　　）	是否协调成员（　　）
评价：优、良、差	评价：优、良、差	评价：优、良、差	评价：优、良、差

五、实训操作（以卡罗拉轿车自动空调为例）

（1）将车辆（或实训操作台）置于水平开阔地带，开启发动机舱，如图34所示。

注　意

不要起动车辆。

（2）将空调压力表连接至空调系统，按抽真空的方法先对空调系统抽真空，如图35所示。

图 34　开启发动机舱盖

图 35　对空调系统抽真空

（3）抽真空完毕后，关闭高、低压阀并将低压管从压力表上拧下置于装有冷冻油的量杯中，如图 36 所示。

（4）开启真空泵，从高压侧让冷冻油更好地吸入空调系统内，如图 37 所示。

（5）加注冷冻油至规定量后，从量杯中取出低压管并将压力管装回压力表，还应对空调系统抽真空。

图 36　关闭高、低压阀

图 37　开启真空泵

 六、练习与思考

（1）冷冻油的加注方法有几种？

（2）加注冷冻油时应注意什么？

 七、实训报告

（1）成员实训报告如表34所示。

表34　成员实训报告

姓名		班级		分组		日期	
实训项目							
实训内容							
自己评语							
老师评语							

（2）组长实训报告如表 35 所示。

表 35　组长实训报告

姓名		班级		分组		日期	
实训项目							
实训内容							
第　　组							
姓名：		姓名：		姓名：		姓名：	
是否串岗（　）		是否串岗（　）		是否串岗（　）		是否串岗（　）	
是否完成项目（　）		是否完成项目（　）		是否完成项目（　）		是否完成项目（　）	
评价：优、良、差		评价：优、良、差		评价：优、良、差		评价：优、良、差	
自己评语							
老师评语							

（3）班长实训报告如表 36 所示。

表 36　班长实训报告

姓名		班级		分组		日期	
实训项目							
实训内容							

第一组	第二组	第三组	第四组
是否串岗（　　）	是否串岗（　　）	是否串岗（　　）	是否串岗（　　）
是否完成项目（　　）	是否完成项目（　　）	是否完成项目（　　）	是否完成项目（　　）
评价：优、良、差	评价：优、良、差	评价：优、良、差	评价：优、良、差

自己评语	
老师评语	

项目七 空调系统的清洗

一、实训目的

（1）掌握空调系统空调格的更换方法。

（2）掌握空调系统的清洗方法。

二、实训前准备

（1）丰田卡罗拉轿车1台。

（2）丰田卡罗拉轿车自动空调实训操作台。

（3）相关挂图或图册。

（4）空调格1个。

（5）空调清洗剂1瓶。

（6）毛巾（抹布）3块。

三、老师讲解示范

（1）拆卸。

（2）检查。

（3）安装。

四、实训管理

（1）学生分组：每组4~5人。先让学生自己分组，选出1名组长并记录名字，然后视情况进行适当调整，如表37所示。

表 37　学生分组表

第一组	第二组	第三组	第四组
组长：	组长：	组长：	组长：
成员：	成员：	成员：	成员：

（2）学生组长：协调成员，规范学生操作（表 38）并收集遇到的问题。

表 38　学生规范操作表（一）

第　　组			
姓名：	姓名：	姓名：	姓名：
是否串岗（　　）	是否串岗（　　）	是否串岗（　　）	是否串岗（　　）
是否完成项目（　　）	是否完成项目（　　）	是否完成项目（　　）	是否完成项目（　　）
评价：优、良、差	评价：优、良、差	评价：优、良、差	评价：优、良、差

（3）老师指导：对操作现场进行安全检查，提醒学生注意安全，规范学生操作（表 39），解决并收集学生遇到的问题，指导班长协助管理。

表 39　学生规范操作表（二）

班长：

第一组组长	第二组组长	第三组组长	第四组组长
是否串岗（　　）	是否串岗（　　）	是否串岗（　　）	是否串岗（　　）
是否协调成员（　　）	是否协调成员（　　）	是否协调成员（　　）	是否协调成员（　　）
评价：优、良、差	评价：优、良、差	评价：优、良、差	评价：优、良、差

 五、实训操作（以卡罗拉轿车自动空调为例）

（1）将车辆置于水平开阔地带。

（2）打开副驾驶货物箱，并将其拆下，如图 38 所示。

 注　意

取下货物箱时应小心，注意力度和角度。

图 38　拆下货物箱

（3）取下空调格并将空调格后盖装回，如图39所示。

注　意

取下空调格后盖时，应注意其右边的小卡。

图39　取下空调格并将空调格后盖装回

（4）在正、副驾驶座脚垫上面垫上毛巾（清洗过程中可能有脏水流出），如图40所示。

（5）打开发动机舱盖，如图41所示。

图40　在正副、驾驶座脚垫上面垫毛巾

图41　打开发动机舱盖

（6）起动车辆并打开空调，将空调开到最大挡位，如图42所示。

注　意

此时应关闭空调开关和内循环。

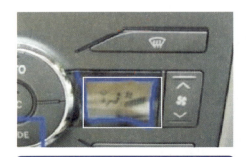

图42　打开空调，调至最大挡位

（7）将清洗剂喷入进气口，泡沫将随气流进入整个风道，如图 43 所示。

（8）按下模式键，使清洗剂进入不同的气道，如图 44 所示。

图 43　喷入清洗剂

图 44　按下模式键使清洗剂进入不同的气道

（9）清洗完后，装上新的空调格，如图 45 所示。

（10）安装货物箱，并用抹布将各风门脏物擦拭干净。

注　意

①不同模式下，各出风口可能会有少量污水流出，用抹布及时擦去。

②喷入清洗剂后，应使空调鼓风机多运转一会儿。

图 45　装上新的空调格

 六、练习与思考

（1）空调系统为什么会有臭味？

（2）如何预防空调系统异味？

七、实训报告

（1）成员实训报告如表 40 所示。

表 40　成员实训报告

姓名		班级		分组		日期	
实训项目							
实训内容							
自己评语							
老师评语							

（2）组长实训报告如表 41 所示。

表 41　组长实训报告

姓名		班级		分组		日期	
实训项目							
实训内容							

第　　组			
姓名：	姓名：	姓名：	姓名：
是否串岗（　）	是否串岗（　）	是否串岗（　）	是否串岗（　）
是否完成项目（　）	是否完成项目（　）	是否完成项目（　）	是否完成项目（　）
评价：优、良、差	评价：优、良、差	评价：优、良、差	评价：优、良、差
自己评语			
老师评语			

（3）班长实训报告如表 42 所示。

表 42　班长实训报告

姓名		班级		分组		日期	
实训项目							
实训内容							

第一组	第二组	第三组	第四组
是否串岗（　　）	是否串岗（　　）	是否串岗（　　）	是否串岗（　　）
是否完成项目（　　）	是否完成项目（　　）	是否完成项目（　　）	是否完成项目（　　）
评价：优、良、差	评价：优、良、差	评价：优、良、差	评价：优、良、差

自己评语	
老师评语	

项目八　空调系统风门控制检测

一、实训目的

（1）掌握空调系统各模式下风门的工作情况。

（2）掌握空调控制面板的操作方法。

二、实训前准备

（1）丰田卡罗拉轿车1台。

（2）丰田卡罗拉轿车自动空调实训操作台。

（3）相关挂图或图册。

三、老师讲解示范

（1）拆卸。

（2）检查。

（3）安装。

四、实训管理

（1）学生分组：每组4~5人。先让学生自己分组，选出1名组长并记录名字，然后视情况进行适当调整，如表43所示。

表43　学生分组表

第一组	第二组	第三组	第四组
组长：	组长：	组长：	组长：
成员：	成员：	成员：	成员：

（2）学生组长：协调成员，规范学生操作（表44）并收集遇到的问题。

表44　学生规范操作表（一）

第　组			
姓名：	姓名：	姓名：	姓名：
是否串岗（　）	是否串岗（　）	是否串岗（　）	是否串岗（　）
是否完成项目（　）	是否完成项目（　）	是否完成项目（　）	是否完成项目（　）
评价：优、良、差	评价：优、良、差	评价：优、良、差	评价：优、良、差

（3）老师指导：对操作现场进行安全检查，提醒学生注意安全，规范学生操作（表45），解决并收集学生遇到的问题，指导班长协助管理。

表45　学生规范操作表（二）

班长：

第一组组长	第二组组长	第三组组长	第四组组长
是否串岗（　）	是否串岗（　）	是否串岗（　）	是否串岗（　）
是否协调成员（　）	是否协调成员（　）	是否协调成员（　）	是否协调成员（　）
评价：优、良、差	评价：优、良、差	评价：优、良、差	评价：优、良、差

五、实训操作（以卡罗拉轿车自动空调为例）

主风门的功能如表46所示。

表46　主风门的功能

控制风门	工作位置	风门位置	操作
进气控制风门	FRESH	B	吸入新鲜空气
	RECIRC	A	再循环内部空气
安全混合控制风门	MAX COLD 至 MAX HOT 温度设置为 16 ℃（61 °F）至 30 ℃（86 °F）	C–D–E（C′–D′–E′）	改变新鲜空气和再循环空气的混合比率，以持续地调节HOT 至 COLD 的温度

模式控制风门的功能如表47所示。

表47　模式控制风门的功能

控制风门	工作位置	风门位置	操作
模式控制风门	除霜器	H、K	通过前除霜器和侧调风器对风窗玻璃除霜
	脚部/除霜器	H、J	通过前除霜器和侧调风器对风窗玻璃除霜，同时从前、后放脚坑调风器风管中送出空气
	脚部	H、I	空气从放脚坑调风器风管、后放脚坑调风器和侧调风器中吹出。此外，空气从前除霜器中吹出
	双级	F、I	空气从中央调风器、侧调风器和前、后放脚坑调风器管中送出
	面部	F、K	空气从中央调风器和侧调风器中吹出

（1）将点火开关置于 ON（IG）位置。

（2）根据图表对应，分别操作其模式功能并找到相应的出风口位置（或执行器动作）。

模式位置和风门操作如图 46 所示。

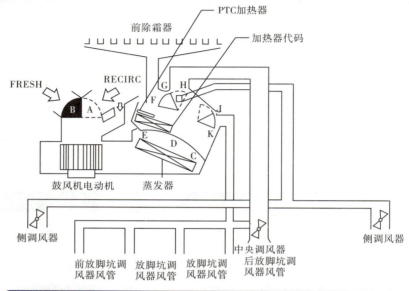

图 46　模式位置和风门操作

出风口如图 47 所示。

风量如表 48 所示。

表 48　风量

模式	中央	侧部	放脚坑	除霜器
	A	B	C	D
面部 🏃	○	○	—	
双级 🏃	○	○	○	—
脚部 🏃	—	○	○	○
脚部 / 除霜器 🏃	—	○	○	○
除霜器	—	○	—	○

图 47　出风口

备注：图中"○"的大小表示风的大小，"—"则表示无风。

 六、练习与思考

（1）空调系统是如何实现各风门供风的？

（2）空调系统是如何实现冷暖风转换的？

七、实训报告

（1）成员实训报告如表 49 所示。

表 49　成员实训报告

姓名		班级		分组		日期	
实训项目							
实训内容							
自己评语							
老师评语							

（2）组长实训报告如表 50 所示。

表 50　组长实训报告

姓名		班级		分组		日期	
实训项目							
实训内容							

<table>
<tr><td colspan="4" align="center">第　　组</td></tr>
<tr><td>姓名：</td><td>姓名：</td><td>姓名：</td><td>姓名：</td></tr>
<tr><td>是否串岗（　　）</td><td>是否串岗（　　）</td><td>是否串岗（　　）</td><td>是否串岗（　　）</td></tr>
<tr><td>是否完成项目（　　）</td><td>是否完成项目（　　）</td><td>是否完成项目（　　）</td><td>是否完成项目（　　）</td></tr>
<tr><td>评价：优、良、差</td><td>评价：优、良、差</td><td>评价：优、良、差</td><td>评价：优、良、差</td></tr>
<tr><td>自己评语</td><td colspan="3"></td></tr>
<tr><td>老师评语</td><td colspan="3"></td></tr>
</table>

（3）班长实训报告如表51所示。

表51　班长实训报告

姓名		班级		分组		日期	
实训项目							
实训内容							

第一组	第二组	第三组	第四组
是否串岗（　　）	是否串岗（　　）	是否串岗（　　）	是否串岗（　　）
是否完成项目（　　）	是否完成项目（　　）	是否完成项目（　　）	是否完成项目（　　）
评价：优、良、差	评价：优、良、差	评价：优、良、差	评价：优、良、差

自己评语	
老师评语	

项目九　制冷剂鉴别仪的使用

一、实训目的

（1）掌握制冷剂鉴别仪的操作与使用方法。

（2）能够鉴别制冷系统中制冷剂的含量。

二、实训前准备

（1）实训车辆 1 台。

（2）空调实训操作台。

（3）制冷剂鉴别仪。

（4）车载或民用电源。

（5）相关挂图或图册。

三、老师讲解示范

（1）拆卸。

（2）检查。

（3）安装。

四、实训管理

（1）学生分组：每组 4~5 人。先让学生自己分组，选出 1 名组长并记录名字，然后视情况进行适当调整，如表 52 所示。

表52　学生分组表

第一组	第二组	第三组	第四组
组长：	组长：	组长：	组长：
成员：	成员：	成员：	成员：

（2）学生组长：协调成员，规范学生操作（表53）并收集遇到的问题。

表53　学生规范操作表（一）

第　　组			
姓名：	姓名：	姓名：	姓名：
是否串岗（　　）	是否串岗（　　）	是否串岗（　　）	是否串岗（　　）
是否完成项目（　　）	是否完成项目（　　）	是否完成项目（　　）	是否完成项目（　　）
评价：优、良、差	评价：优、良、差	评价：优、良、差	评价：优、良、差

（3）老师指导：对操作现场进行安全检查，提醒学生注意安全，规范学生操作（表54），解决并收集学生遇到的问题，指导班长协助管理。

表54　学生规范操作表（二）

班长：

第一组组长	第二组组长	第三组组长	第四组组长
是否串岗（　　）	是否串岗（　　）	是否串岗（　　）	是否串岗（　　）
是否协调成员（　　）	是否协调成员（　　）	是否协调成员（　　）	是否协调成员（　　）
评价：优、良、差	评价：优、良、差	评价：优、良、差	评价：优、良、差

五、实训操作

1. 制冷剂鉴别仪简介

制冷剂鉴别仪能鉴别冷媒类型，并直接清除冷媒中有破坏性的空气；可显示系统中冷媒（R12、R134a、R22）和空气的准确含量；面板上的压力表可实时显示系统压力；探测到易燃物质会发出警报；可通过打印机端口连接打印机，并打印测试结果。制冷剂鉴别仪如图48所示。

操作前的检查：

（1）检查仪器外面的圆柱形容器中的白色过滤

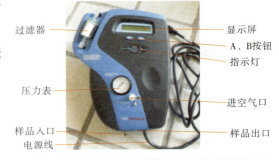

图48　制冷剂鉴别仪

芯上是否有红点。任何红色的出现都说明过滤器需要更换，以避免仪器失效。

（2）根据需要选择一根 R12 或 R134a 采样管。检查采样管是否有裂纹、磨损痕迹、脏堵或污染。不允许使用任何磨损的管子。把采样管安装到仪器的样品入口处。

（3）检查仪器头部的进空气口，再检查仪器中部边缘的样品出口，以确保它们没有堵塞。

（4）检查空调系统或制冷剂瓶上的样品出口处，确保出口处样品为气态，出口不允许有液态样品或油流出来。

（5）将仪器的电源插头连接到车载电源或民用电源上。通过夹子用车载电源供电（10～14V）或墙上的民用电源（220V）插座供电。

2. 操作步骤

（1）给仪器通电，仪器自动开机，如图49所示。

（2）让仪器预热 2min。

（3）在预热过程中，需要将当地的海拔输入仪器的内存中。仪器可以在海拔变化为152m 的范围内自动调节，所以初次使用时必须输入当地的海拔。正常的气压变化不会影响仪器的运行。一般情况下只需输入一次海拔，只有当仪器在另一个地方使用时才需要重新输入海拔。

如果没有输入海拔，仪器在预热过程中会显示"USAGE ELEVATION NOTSET"。按照如下步骤设置海拔。

①在预热过程中，按住 B 按钮直到显示屏出现"USAGE ELEVATION, 400FEET"（这是仪器的出厂设置，相当于海拔122m）。

②使用 A 按钮和 B 按钮来调节海拔的设置，直到显示的读数高于但是接近当地的海拔值（图50）。每按一下 A 按钮读数增加30m，每按一下 B 按钮读数减少30m。海拔在0~2730m 都是可调的。

图49　开机

图50　海拔调节

当选择好正确的海拔后，不要再按 A 按钮和 B 按钮，保持仪器处于待机状态约20s，设置会自动保存到仪器的内存中。

注　意

输入错误的海拔将导致仪器的检测结果错误。

（4）系统标定。仪器将会通过进空气口吸入环境空气（环境空气是用于校正测试元件并排除残余的制冷剂气体），约1min，如图51所示。

（5）根据仪器的提示把采样管的入口端接到车辆空调系统或制冷剂瓶的出口上，如图52所示，按A按钮开始进行分析，如图53所示。

图51　系统标定

图52　空调管路连接

制冷剂样品会立即流向仪器，注意调节器压力值（图54）。仪器对样品的分析过程需要大约1min。

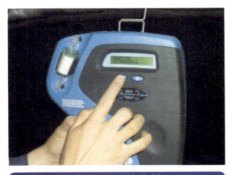

图53　开始分析

图54　压力值

（6）当分析完成后，拆下采样管，如图55所示。

按下AUTO和RECIRC/FRESH开关的同时，将点火开关置于ON（IG）位置。按住这两个开关，直到出现指示灯检查屏幕

AUTO和RECIRC/FRESH开关没有同时按下

指示灯检查（连续操作）

图55　拆下采样管

（7）分析的结果将在仪器的显示屏上以下列符号显示出来，如图56所示。

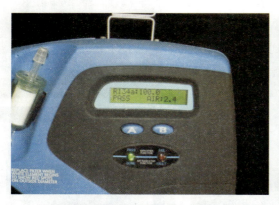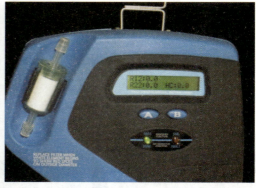

图56　检测分析结构

PASS：说明样品的纯度达到98%或更高。制冷剂的种类和空气的污染程度也会同时在显示屏上显示出来。

FAIL：说明样品被测定为Rl2或Rl34a的混合物，无论是R12还是Rl34a，其纯度都没有达到98%，或者混合物太多，同时还会显示Rl2、Rl34a和空气的含量。

FAIL CONTAMINATED：说明测定的样品含有未知制冷剂，如R22或碳氢类在混合物中的含量占4%或更多。在这种模式下，不能显示制冷剂或空气混合物的含量。

NO REFRIGERANT—CHK HOSE CONN：说明测定的样品中空气含量达到90%或更高。通常情况下是因为R134a采样管的接头没有打开，采样管没有与样品来源接通，或样品来源中没有制冷剂。

（8）分析结果将保留在仪器的显示屏上，直到按下A按钮。按下A按钮后要根据显示屏的提示进行操作。

（9）如果需要对另一个样品进行检测，直接从步骤（5）开始操作。如果不需要再进行检测，拆下仪器的电源线，检测完毕。

检测完成后进行清理：

（1）从仪器样品入口拆下采样管。观察管子是否有磨损、裂纹、油堵或污染等情况，如果有则及时更换。擦净管子外表面，将管子卷起放入盒子中。

（2）检查样品过滤器是否有红点出现。如果发现红点，根据维护程序中的步骤更换样品过滤器。

（3）从仪器上拆下电源线并擦净，卷起收到存储盒中。

（4）用湿布清理仪器的外表面。不要使用溶剂或水直接清理仪器。将清理干净的仪器放入存储盒中，如图57所示。

图57　将仪器放入存储盒

六、练习与思考

（1）使用制冷剂鉴别仪时应注意什么？

（2）什么情况下会用到制冷剂鉴别仪？

七、实训报告

（1）成员实训报告如表 55 所示。

表 55　成员实训报告

姓名		班级		分组		日期	
实训项目							
实训内容							
自己评语							
老师评语							

（2）组长实训报告如表56所示。

表 56　组长实训报告

姓名		班级		分组		日期	
实训项目							
实训内容							
第　组							
姓名：		姓名：		姓名：		姓名：	
是否串岗（　）		是否串岗（　）		是否串岗（　）		是否串岗（　）	
是否完成项目（　）		是否完成项目（　）		是否完成项目（　）		是否完成项目（　）	
评价：优、良、差		评价：优、良、差		评价：优、良、差		评价：优、良、差	
自己评语							
老师评语							

（3）班长实训报告如表 57 所示。

表 57　班长实训报告

姓名		班级		分组		日期	
实训项目							
实训内容							

第一组	第二组	第三组	第四组
是否串岗（　）	是否串岗（　）	是否串岗（　）	是否串岗（　）
是否完成项目（　）	是否完成项目（　）	是否完成项目（　）	是否完成项目（　）
评价：优、良、差	评价：优、良、差	评价：优、良、差	评价：优、良、差

自己评语	
老师评语	

项目十 制冷剂回收加注机的使用

一、实训目的

（1）掌握制冷剂回收加注机的结构。

（2）掌握制冷剂回收加注机的操作与使用方法。

二、实训前准备

（1）实训车辆 1 台。

（2）空调实训操作台。

（3）制冷剂回收加注机。

（4）相关挂图或图册。

三、老师讲解示范

（1）拆卸。

（2）检查。

（3）安装。

四、实训管理

（1）学生分组：每组 4~5 人。先让学生自己分组，选出 1 名组长并记录名字，然后视情况进行适当调整，如表 58 所示。

表 58　学生分组表

第一组	第二组	第三组	第四组
组长：	组长：	组长：	组长：
成员：	成员：	成员：	成员：

（2）学生组长：协调成员，规范学生操作（表59）并收集遇到的问题。

表 59　学生规范操作表（一）

第　　组			
姓名：	姓名：	姓名：	姓名：
是否串岗（　　）	是否串岗（　　）	是否串岗（　　）	是否串岗（　　）
是否完成项目（　　）	是否完成项目（　　）	是否完成项目（　　）	是否完成项目（　　）
评价：优、良、差	评价：优、良、差	评价：优、良、差	评价：优、良、差

（3）老师指导：对操作现场进行安全检查，提醒学生注意安全，规范学生操作（表60），解决并收集学生遇到的问题，指导班长协助管理。

表 60　学生规范操作表（二）

班长：

第一组组长	第二组组长	第三组组长	第四组组长
是否串岗（　　）	是否串岗（　　）	是否串岗（　　）	是否串岗（　　）
是否协调成员（　　）	是否协调成员（　　）	是否协调成员（　　）	是否协调成员（　　）
评价：优、良、差	评价：优、良、差	评价：优、良、差	评价：优、良、差

 五、实训操作

1. 制冷剂回收加注机简介

AC350C 空调制冷剂回收加注机（图 58）能够完成汽车空调制冷剂的回收、再生、充注和检漏操作，具有强大的功能。该机器有一个强大的数据库，覆盖了市场上绝大多数车型的所有服务信息。AC350C 空调制冷剂回收加注机可用于 R134a 或者 R12 其中一种制冷剂的回收、再生和充注，一旦选用了 R134a 或者 R12，系统就只能使用这一种制冷剂。AC350C 空调制冷剂回收加注机的操作面板如图 59 所示。

高压管
低压管
废冷冻油排油瓶

图 58　空调制冷剂回收加注机

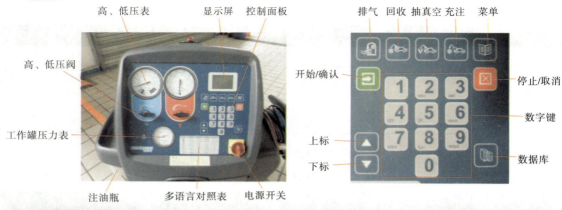

图 59　AC350C 空调制冷剂回收加注机的操作面板

制冷剂回收加注机（AC350C）为半自动控制系统，该设备操作流程如图 60 所示。

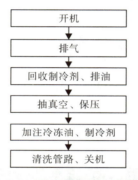

开机

排气

回收制冷剂、排油

抽真空、保压

加注冷冻油、制冷剂

清洗管路、关机

图 60　制冷剂回收加注机（AC350C）操作流程

2. 操作步骤

（1）制冷剂回收前准备工作。

汽车空调制冷剂回收的准备工作具体如下：

①连接好 AC350C 的电源并打开电源开关，如图 61 所示。

图 61　连接电源并打开开关

②制冷剂回收加注机（AC350C）开机后显示屏会显示工作罐制冷剂的质量，如图 62 所示。

提示：工作罐内制冷剂的质量不能超过罐体标称质量的 80%（AC350C 工作罐的制冷剂总储存量为 10kg），并记录此时工作罐中制冷剂的净重。

③对回收机管路的检漏。分别将高、低压管接头顺时针连接在制冷剂回收机接口上，如图 63 所示。

图 62　开机后屏幕显示

图 63　连接制冷剂回收加注机高低压管接头

④回收前使汽车空调制冷系统运行 3 ~ 5min，并将空调控制面板设置为外循环，鼓风机风速调至最大，温度设置为最低，风向设置为吹头，如图 64 所示。

提示：在回收制冷剂之前运行汽车空调系统，其目的是最大限度地将汽车空调制冷系统中的制冷剂回收彻底。

⑤查询该车制冷剂规定加注量。车辆制冷剂的规定加注量可从维修手册上或者从汽车空调铭牌上获取，也可以从制冷剂回收加注机（AC350C）数据库里查找。

按下 AC350C 数据库按钮（图 65）进入制冷剂回收加注机（AC350C）数据库后，输入车辆相应的信息，制冷剂回收加注机的显示屏上会显示该车辆空调数据，如图 66 所示。

图 64　空调面板设置

数据库按钮

图 65　AC350C 数据库按钮

图66　数据库车辆空调数据（AC350C）

（2）排气。

此步骤是对空调制冷制回收加注机自身进行排气、清理，应在30s内完成。操作方法如图67所示。

①按下"排气"键，设备进行排气，2s后完成。

②按下"确认"键。

图67　排气操作

（3）空调制冷剂回收操作。

①按下制冷剂回收加注机（AC350C）操作面板上的制冷剂回收按键，屏幕显示制冷剂回收界面。并通过操作面板上的数字键输入最大回收量，如图68所示。

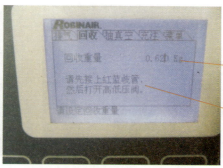

回收键

根据数据库数值，按数字键，设置回收量

根据提示连接管路

图68　AC350C 回收设置界面

②按菜单要求，进行管路连接，将高、低压快速接头正确连接至空调系统的检测接口，如图 69 所示。

> **注　意**
>
> 顺时针拧开高、低压开关时，速度应慢一些，防止冷冻油被制冷剂带出系统。

图 69　将接头连接至汽车空调系统中

③打开制冷剂回收加注机（AC350C）高、低压阀，如图 70 所示。

④按下制冷剂回收加注机（AC350C）操作面板上的开始 / 确认键后，制冷剂回收加注机自动进行制冷剂回收、管路清洁工作。

⑤制冷剂回收加注机（AC350C）管路清洁完毕后自动进入制冷剂回收界面，同时屏幕上显示制冷剂回收量，如图 71 所示。

图 70　打开高、低压阀

图 71　制冷剂回收界面

> **注　意**
>
> 在回收制冷剂过程中，应不断地观察压力表指针，如图 72 所示。当压力到达负压时，压缩机在抽真空。应及时按取消键，停止回收制冷剂，防止损坏制冷剂回收加注机的压缩机。

⑥当汽车空调制冷剂回收完后，制冷剂回收加注机（AC350C）会显示制冷剂回收量并提示排出废冷冻油，如图 73 所示。

图 72　观察压力表指针

提示：在排出废冷冻油前要记录制冷剂回收加注机（AC350C）和废油瓶的液面刻度，如图74所示。

⑦按下制冷剂回收加注机（AC350C）操作面板上的开始/确认键后，制冷剂回收加注机自动排废冷冻油，排完废冷冻油后自动进入抽真空提示界面，如图75所示。

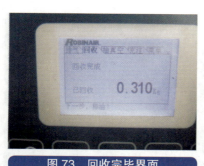

图73　回收完毕界面

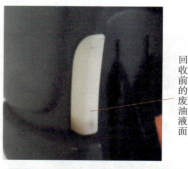

回收前的废油液面

图74　记录液面刻度

图75　排废冷冻油界面

⑧关闭制冷剂回收加注机（AC350C）操作面板高、低压阀，如图76所示。

图76　关闭高、低压阀

提示：等待一段时间，废油瓶内无气泡后，查看排油瓶废油液面并记录，计算出排出的冷冻油量（废油），冷冻油回收量为回收后的液面减去回收前的液面。按制冷剂回收加注机（AC350C）操作面板上的退出键，直到屏幕上显示开机时的界面，记录此时工作罐回收制冷剂后的制冷剂净重。那么实际制冷剂回收量为工作罐回收制冷剂后制冷剂净重减去工作罐回收制冷剂前制冷剂净重。将数据记录在表61中。

表61　数据记录

名称		数值	回收量
制冷剂	回收前的罐重		
	回收后的罐重		
冷冻油	回收前的液面		
	回收后的液面		

（4）汽车空调制冷剂的净化作业。

①检测已回收到储罐中的制冷剂纯度。

提示：纯度低于96%，进行净化作业；高于96%，不进行净化作业。

②制冷剂回收加注机（AC350C）进行制冷剂自循环来净化回收的制冷剂，直到纯度达到96%以上。

提示：如果经过一次制冷剂自循环后，制冷剂纯度没有达到96%以上，则可以多进行几次制冷剂自循环操作。

（5）汽车空调制冷剂加注操作。

①真空检漏。

●按抽真空键（图77），仪器进行抽真空。

●按数字键，选择抽真空时间，如图78所示。按确认键进行抽真空。

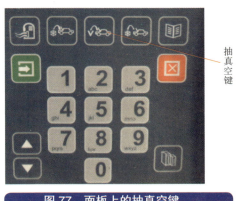

图77　面板上的抽真空键

图78　抽真空时间设定界面

●打开制冷剂回收加注机（AC350C）面板上的高、低压阀，如图79所示。

●抽真空至系统真空度低于 –90kPa，关闭高、低压阀，如图80所示。按取消键，停止抽真空。

提示：保持真空度至少15min，检查压力表示值变化。

如果压力未上升，进行微小泄漏量检查。

如果压力有回升，则继续抽真空，如累计抽真空时间超过30min，压力仍回升，则可以判定制冷装置有泄漏，应检修制冷装置。

图79　打开高、低压阀

图80　关闭高、低压阀

②汽车空调系统抽真空。

●抽真空前，检查压力表示值，如图81所示。制冷装置中的压力应低于70kPa，如超过该压力，应重新进行回收操作，直到压力达到要求。保护仪器中的真空泵，不使其因压差太大而损坏。

●选择抽真空键。

●当达到要求的真空度时，应继续抽真空操作，持续时间应不少于15min，以充分排除制冷装置中的水分。按数字键选择抽真空时间，如图82所示。按下制冷剂回收加注机（AC350C）面板上的高、低压阀"确认"键。

图81　抽真空前检查压力表示值

图82　抽真空时间设定界面

●抽真空时间到后，仪器自动停止真空泵工作，并出现"保压"提示，如图83所示。

提示：因前面已对汽车空调系统进行了真空检漏，在确保不漏的情况下才进行抽真空，所以操作到这步后，直接按控制面板上的退出键跳过保压，进入冷冻油界面。

③给空调制冷系统补充冷冻油。

●从制冷剂回收加注机（AC350C）拆下注油瓶，将适量的冷冻油加入注油瓶内，加完冷冻油后将注油瓶装复。

●采用单管加注冷冻油，关闭低压阀（防止冷冻机油进入压缩机），打开高压阀，如图84所示。

图83　抽真空时间到后面板提示

图84　阀门开关状态

注意

冷冻油尽量用小瓶，大瓶用后及时密闭，不应长时间将冷冻油暴露在空气中，使冷冻油被空气氧化。装复注油瓶时必须拧紧，防止空气进入。

● 根据界面提示，查看注油瓶的液面位置，如图85所示。

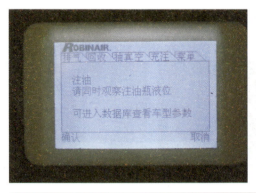
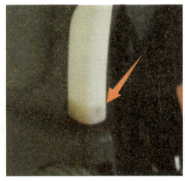

图85　根据界面提示查看瓶液液面位置

● 在加注冷冻油过程中，必须一直观察注油瓶的液面，达到补充量后及时按确认键暂停加注冷冻机油，确认加注量达到要求后，按取消键结束加注冷冻油。

● 加注冷冻油结束，准备充注制冷剂。

④给汽车空调制冷系统加注制冷剂。

● 查阅《车辆使用手册》，确认制冷装置中制冷剂的类型及加注量。也可以通过制冷剂回收加注机（AC350C）的数据库查阅车辆制冷剂的类型及加注量，如图86所示。

● 检查工作罐中的制冷剂质量，当质量不足3kg时，应予以补充（工作罐内制冷剂达到加注量的3倍，即可满足加注要求）。

● 进入制冷剂回收加注机（AC350C）制冷剂加注界面，并通过数字键输入要加注的制冷剂质量，如图87所示。

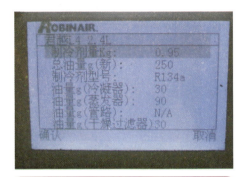

图86　AC350C数据库中车辆空调参数　　**图87　制冷剂加注量设置界面**

因制冷剂回收加注机（AC350C）采用单管加注制冷剂，加注完成后，制冷剂回收加注机的高压管中会残留一定量的制冷剂（本制冷剂回收加注机残留量大概为 45 g），所以在制冷剂回收加注机上实际设置的加注量应为标准加注量加上 45 g。

●根据界面要求，采用单管加注，关闭压力阀（防止液态制冷剂进入压缩机），逆时针旋转低压快速接头（防止加注的制冷剂从低压检测口出来），打开高压阀，并按下制冷剂回收加注机（AC350C）面板上的确认键，如图 88 所示。

图 88　采用单管加注阀门开关情况

●加注结束，根据界面显示，高压快速接头逆时针旋转，将加注管与制冷系统断开，准备对管路进行清理，如图 89 所示。

图 89　加注结束显示界面及高、低压接头阀门关闭

●对管路清洁后，按确认键退出，如图 90 所示。关闭控制面板上的阀门并取下高、低压快速接头。

 六、练习与思考

（1）制冷剂回收加注机由哪几部分组成？

（2）如何利用制冷剂回收加注机回收制冷剂？

图 90　清理管路

七、实训报告

（1）成员实训报告如表 62 所示。

表 62　成员实训报告

姓名		班级		分组		日期	
实训项目							
实训内容							
自己评语							
老师评语							

（2）组长实训报告如表63所示。

表63　组长实训报告

姓名		班级		分组		日期	
实训项目							
实训内容							
第　　组							
姓名：		姓名：		姓名：		姓名：	
是否串岗（　）		是否串岗（　）		是否串岗（　）		是否串岗（　）	
是否完成项目（　）		是否完成项目（　）		是否完成项目（　）		是否完成项目（　）	
评价：优、良、差		评价：优、良、差		评价：优、良、差		评价：优、良、差	
自己评语							
老师评语							

（3）班长实训报告如表64所示。

表64　班长实训报告

姓名		班级		分组		日期	
实训项目							
实训内容							

第一组	第二组	第三组	第四组
是否串岗（　）	是否串岗（　）	是否串岗（　）	是否串岗（　）
是否完成项目（　）	是否完成项目（　）	是否完成项目（　）	是否完成项目（　）
评价：优、良、差	评价：优、良、差	评价：优、良、差	评价：优、良、差

自己评语	
老师评语	

项目十一　空调 ECU 故障诊断

一、实训目的

（1）掌握汽车空调系统故障码的读取方法。

（2）学会解读空调系统数据流。

二、实训前准备

（1）丰田卡罗拉轿车 1 台。

（2）丰田卡罗拉轿车自动空调实训操作台。

（3）相关挂图或图册。

（4）解码器 1 台。

三、老师讲解示范

（1）拆卸。

（2）检查。

（3）安装。

四、实训管理

（1）学生分组：每组 4~5 人。先让学生自己分组，选出 1 名组长并记录名字，然后视情况进行适当调整，如表 65 所示。

表 65　学生分组表

第一组	第二组	第三组	第四组
组长：	组长：	组长：	组长：
成员：	成员：	成员：	成员：

（2）学生组长：协调成员，规范学生操作（表 66）并收集遇到的问题。

表 66　学生规范操作表（一）

第　　组			
姓名：	姓名：	姓名：	姓名：
是否串岗（　）	是否串岗（　）	是否串岗（　）	是否串岗（　）
是否完成项目（　）	是否完成项目（　）	是否完成项目（　）	是否完成项目（　）
评价：优、良、差	评价：优、良、差	评价：优、良、差	评价：优、良、差

（3）老师指导：对操作现场进行安全检查，提醒学生注意安全，规范学生操作（表 67），解决并收集学生遇到的问题，指导班长协助管理。

表 67　学生规范操作表（二）

班长：

第一组组长	第二组组长	第三组组长	第四组组长
是否串岗（　）	是否串岗（　）	是否串岗（　）	是否串岗（　）
是否协调成员（　）	是否协调成员（　）	是否协调成员（　）	是否协调成员（　）
评价：优、良、差	评价：优、良、差	评价：优、良、差	评价：优、良、差

五、实训操作

（1）连接解码器：将诊断座插入驾驶室下方 OBD Ⅱ 接口内，如图 91 所示。

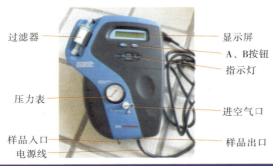

图 91　连接解码器

（2）将点火开关置于 ON 位置，如图 92 所示。

图 92　将点火开关置于至 ON 位置

（3）开启诊断电脑，如图 93 所示。

图 93　开启诊断电脑

（4）进入卡罗轿车拉空调系统，如图 94 所示。

图 94　进入卡罗拉轿车空调系统

（5）读取与清除故障码，如图 95 所示。

图 95　读取与清除故障码

（6）读取数据流，如图 96 所示。

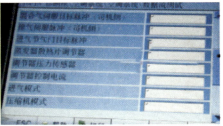

图 96　读取数据流

（7）读取结束，关闭解码器，并拔下诊断仪，如图 97 所示。

图 97　关闭解码器

六、练习与思考

（1）简述空调 ECU 故障的诊断步骤。

（2）如何读取空调系统数据流？

七、实训报告

（1）成员实训报告如表 68 所示。

表 68　成员实训报告

姓名		班级		分组		日期	
实训项目							
实训内容							
自己评语							
老师评语							

（2）组长实训报告如表 69 所示。

表 69　组长实训报告表

姓名		班级		分组		日期	
实训项目							
实训内容							
第　组							
姓名：		姓名：		姓名：		姓名：	
是否串岗（　）		是否串岗（　）		是否串岗（　）		是否串岗（　）	
是否完成项目（　）		是否完成项目（　）		是否完成项目（　）		是否完成项目（　）	
评价：优、良、差		评价：优、良、差		评价：优、良、差		评价：优、良、差	
自己评语							
老师评语							

（3）班长实训报告如表 70 所示。

表 70　班长实训报告

姓名		班级		分组		日期	
实训项目							
实训内容							

第一组	第二组	第三组	第四组
是否串岗（　　）	是否串岗（　　）	是否串岗（　　）	是否串岗（　　）
是否完成项目（　　）	是否完成项目（　　）	是否完成项目（　　）	是否完成项目（　　）
评价：优、良、差	评价：优、良、差	评价：优、良、差	评价：优、良、差

自己评语	
老师评语	

项目十二　空调系统自诊断

一、实训目的

（1）掌握汽车空调系统自诊断的操作方法。

（2）掌握汽车空调系统各故障码的意义。

二、实训前准备

（1）丰田卡罗拉轿车 1 台。

（2）丰田卡罗拉轿车自动空调实训操作台。

（3）相关挂图或图册。

三、老师讲解示范

（1）拆卸。

（2）检查。

（3）安装。

四、实训管理

（1）学生分组：每组 4~5 人。先让学生自己分组，选出 1 名组长并记录名字，然后视情况进行适当调整，如表 71 所示。

表71　学生分组表

第一组	第二组	第三组	第四组
组长：	组长：	组长：	组长：
成员：	成员：	成员：	成员：

（2）学生组长：协调成员，规范学生操作（表72）并收集遇到的问题。

表72　学生规范操作表（一）

第　　组			
姓名：	姓名：	姓名：	姓名：
是否串岗（　　）	是否串岗（　　）	是否串岗（　　）	是否串岗（　　）
是否完成项目（　　）	是否完成项目（　　）	是否完成项目（　　）	是否完成项目（　　）
评价：优、良、差	评价：优、良、差	评价：优、良、差	评价：优、良、差

（3）老师指导：对操作现场进行安全检查，提醒学生注意安全、规范学生操作（表73），解决并收集学生遇到的问题，指导班长协助管理。

表73　学生规范操作表（二）

班长：

第一组组长	第二组组长	第三组组长	第四组组长
是否串岗（　　）	是否串岗（　　）	是否串岗（　　）	是否串岗（　　）
是否协调成员（　　）	是否协调成员（　　）	是否协调成员（　　）	是否协调成员（　　）
评价：优、良、差	评价：优、良、差	评价：优、良、差	评价：优、良、差

五、实训操作

操作流程如图98所示。

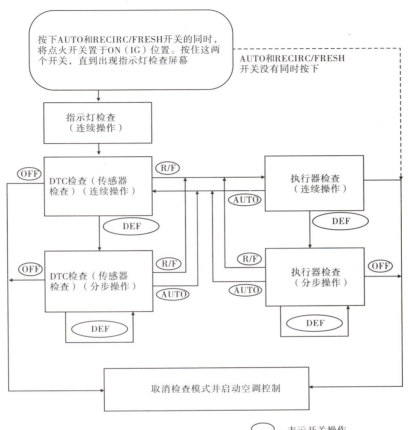

图 98　操作流程

1. 指示灯检查、传感器检查 / 清除

（1）将点火开关置于 OFF 位置，如图 99 所示。

图 99　将点火开关置于 OFF 位置

（2）按下空调控制 AUTO 开关和 R/F 开关的同时，将点火开关置于 ON（IG）位置，按住这两个开关直到屏幕出现指示灯闪亮，如图 100 所示。

图 100　指示灯检查

（3）激活面板诊断时，将自动执行指示灯检查。检查并确认指示灯每隔 1 s 连续亮起和熄灭 4 次，如图 101 所示。

注　意

①指示灯检查完成后，传感器检查自动开始。

②按下 OFF 开关取消检查模式。

③如果安装了导航系统，则指示灯闪烁且蜂鸣器鸣响。

（4）读取面板显示的代码，如图 102 所示。

注　意

①无故障码时，输出 00。

②如果在后台执行检查，即使系统正常也可能显示传感器 21 或 24。

传感器故障码

图 101　检查指示灯状态　　　　图 102　读取面板显示的代码

（5）清除故障码，如图 103 所示。

图 103　清除故障码

故障码表如表 74 所示。

表 74　故障码表

DTC 代码	检测项目	故障部位	存储器 *4
B1411/11*1	车内温度传感器电路	1. 空调车内温度传感器 2. 空调车内温度传感器和空调放大器之间的线束或插接器 3. 空调放大器	存储 （8.5 min 或更长时间）
B1412/11*2	环境温度传感器电路	1. 环境温度传感器 2. 环境温度传感器和组合仪表之间的线束或插接器 3. 组合仪表 4.CAN 通信系统 5. 空调放大器	存储 （8.5 min 或更长时间）
B1413/13	蒸发器温度传感器电路	1. 空调线束 2. 蒸发器温度传感器 3. 空调放大器	存储 （8.5 min 或更长时间）
B1421/21*3	阳光传感器（乘客侧）	1. 阳光传感器 2. 阳光传感器和空调放大器之间的线束或插接器 3. 空调放大器	存储 （8.5 min 或更长时间） （只在电路短路时）
B1423/23	压力传感器电路	1. 压力传感器 2. 压力传感器和空调放大器之间的线束或插接器 3. 空调放大器 4. 膨胀阀（堵塞、卡滞） 5. 冷凝器（堵塞、由于污垢而引起的制冷性能下降） 6. 冷却器干燥器（制冷剂循环的水分无法吸收） 7. 冷却风扇系统（冷凝器无法冷却） 8. 空调系统（泄漏、堵塞）	—
B1441/41	空气混合风门控制伺服电动机电路（乘客侧）	1. 空调放大器 2. 空调线束 3. 空气混合控制伺服电动机	存储 （30 s）

DTC 代码	检测项目	故障部位	存储器 *4
B1442/42	进气风门控制伺服电动机电路	1. 空调放大器 2. 空调线束 3. 进气控制伺服电动机	存储 （30 s）
B1443/43	出气风门控制伺服电动机电路	1. 空调放大器 2. 空调线束 3. 出气控制伺服电动机	存储 （30 s）
B1451/51	压缩机电磁阀电路	1. 空调压缩机 2. 空调放大器和外部可变排量压缩机电磁阀之间的线束或插接器 3. 空调放大器	—
B1497/97	BUS IC 通信故障	1. 空调线束 2. 空调放大器	存储 （10 s 或更长时间）
B1499/99	多路通信电路	CAN 通信系统	存储

2. 执行器检查

（1）起动发动机并暖机。

（2）进行指示灯检查。

（3）按下 R/F 开关进行执行器检查，如图 104 所示。

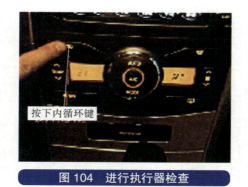

图 104　进行执行器检查

（4）每隔 1 s 当执行器重复执行表 74 步骤 1~10 时，通过目视和用手检查温度和气流。

注意

①在分步操作中，显示屏每隔 1 秒闪烁一次。

②按下 OFF 开关结束面板诊断。

③按下 AUTO 开关，可进入传感器检查模式，如表 75 所示。

表 75　故障码表

步骤	显示代码	条件				
		鼓风机速度等级	空气混合风门	通风口	进气风口	压缩机
1	0	0	0% 开度	FACE	FRESH	OFF
2	1	1	0% 开度	FACE	FRESH	OFF
3	2	17	0% 开度	FACE	RECIRCULATION/FRESH	ON
4	3	17	0% 开度	FACE	RECIRCULATION	ON
5	4	17	50% 开度	B/L	RECIRCULATION	ON
6	5	17	50% 开度	B/L	RECIRCULATION	ON
7	6	17	50% 开度	FOOT	FRESH	ON
8	7	17	100% 开度	FOOT-0	FRESH	ON
9	8	17	100% 开度	F/D	FRESH	ON
10	9	31	100% 开度	DEF	FRESH	ON

（5）如果步骤因自动改变而难以读取，则按 DEF 开关可逐步显示步骤，便于读取。每按下 DER 开关时，逐步显示项目，如图 105 所示。

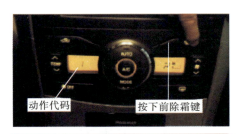

动作代码　　　按下前除霜键

图 105　按 DEF 开关可逐步显示步骤

六、练习与思考

（1）空调系统是如何实现各风门供风的？

（2）空调系统是如何实现冷暖风转换的？

七、实训报告

（1）成员实训报告如表76所示。

表76　成员实训报告

姓名		班级		分组		日期	
实训项目							
实训内容							
自己评语							
老师评语							

（2）组长实训报告如表77所示。

表 77　组长实训报告

姓名		班级		分组		日期	
实训项目							
实训内容							
第　　组							
姓名：		姓名：		姓名：		姓名：	
是否串岗（　　）		是否串岗（　　）		是否串岗（　　）		是否串岗（　　）	
是否完成项目（　　）		是否完成项目（　　）		是否完成项目（　　）		是否完成项目（　　）	
评价：优、良、差		评价：优、良、差		评价：优、良、差		评价：优、良、差	
自己评语							
老师评语							

（3）班长实训报告如表 78 所示。

表 78　班长实训报告

姓名		班级		分组		日期	
实训项目							
实训内容							

第一组	第二组	第三组	第四组
是否串岗（　）	是否串岗（　）	是否串岗（　）	是否串岗（　）
是否完成项目（　）	是否完成项目（　）	是否完成项目（　）	是否完成项目（　）
评价：优、良、差	评价：优、良、差	评价：优、良、差	评价：优、良、差

自己评语	
老师评语	